LA PATRIE FRANÇAISE

CINQUIÈME CONFÉRENCE

PAR

M. RENÉ DOUMIC

OU SONT LES INTELLECTUELS ?

Déclaration du Général MERCIER

17 Juin 1899

PARIS

..UX DE « LA PATRIE FRANÇAISE »

97, RUE DE RENNES

On peut se procurer, au Secrétariat, 97, rue de Rennes, les brochures qui contiennent les quatre premières Conférences de « **LA PATRIE FRANÇAISE** » :

1° **La Patrie Française**, par M. JULES LÉMAITRE;

2° **L'Avenir de la Patrie Française**, par M. MARCEL DUBOIS, avec une allocution de M. FRANÇOIS COPPÉE;

3° **La Terre et les Morts**, par M. MAURICE BARRÈS.

4° **La Nation et l'Armée**, par M. FERDINAND BRUNETIÈRE.

Les Adhésions et les Souscriptions

SONT REÇUES

A PARIS, 97, RUE DE RENNES

LA PATRIE FRANÇAISE

CINQUIÈME CONFÉRENCE

PAR

M. RENÉ DOUMIC

OU SONT LES INTELLECTUELS ?

Déclaration du Général MERCIER

17 Juin 1899

PARIS

BUREAUX DE « LA PATRIE FRANÇAISE »

97, RUE DE RENNES

DÉCLARATION

DE M. LE GÉNÉRAL MERCIER

Le samedi 17 juin, avant la conférence faite par M. René Doumic pour la Ligue de « La Patrie française », M. le général Mercier dont l'entrée avait été saluée par les acclamations de la salle, a prononcé les paroles suivantes :

« Mesdames, messieurs,

« Notre éminent président veut bien m'autoriser à vous remercier de l'accueil si chaleureux que vous venez de me faire. Je vous en remercie donc du fond du cœur. Vos acclamations s'adressent, pour une faible part, au soldat qui fit son devoir en 1894 et qui est fermement résolu, croyez-le bien, à l'accomplir tout entier, quoi qu'il arrive, en 1899. Mais elles s'adressent surtout à notre chère armée dont vous me faites l'honneur de me considérer, en ce moment critique, comme le porte-drapeau.

« Continuez à avoir confiance en elle.

L'armée est profondément disciplinée, et il est indispensable qu'elle le soit. Mais la discipline militaire, si elle doit souvent courber les volontés individuelles, ne peut jamais, en aucune circonstance, asservir les consciences. J'ignore s'il pourrait se rencontrer un gouvernement capable d'intimer à un conseil de guerre l'ordre de condamner ou d'acquitter. Mais je sais, quoi qu'on ait dit M. Zola, qu'il ne se trouverait pas un chef militaire pour transmettre un pareil ordre, ni un tribunal militaire pour l'exécuter. L'organisation de l'armée, essentiellement hiérarchique, exerce une puissante action sur le fonctionnement journalier de ses divers organes. Mais cette action hiérarchique s'arrête au seuil de la chambre des délibérations d'un conseil de guerre. Chacun des membres de ce conseil y devient momentanément l'égal des autres membres et ne relève plus que de sa conscience. Les législateurs ont même accentué cette intention en sens inverse du grade et de l'ancienneté dans chaque grade. Quant au président, la loi l'investit d'un pouvoir discrétionnaire, pour procéder à toutes les investigations qui semblent propres à déterminer sa conviction et celle des membres du Conseil.

« Je vous demande pardon d'être entré dans ces explications. Mais elles font ressortir un ensemble de garanties de nature à affermir votre confiance dans l'armée, et dans la justice militaire qui est peut-être la plus haute et la plus intangible de ses institutions.

« Soyez donc convaincus que le conseil de guerre, dont le jugement pèsera d'un si grand poids sur les destinées de la Patrie, rendra ce jugement dans toute l'indépendance de sa conscience, et en pleine connaissance de la cause. Il saura exiger toutes les justifications susceptibles d'éclairer son intégrité. Il trouvera, pour les lui produire, des témoins pénétrés du sentiment de leur devoir, résolus à se dévouer pour la cause de la justice, déterminés à dire tout — absolument tout — ce qui pourra servir à la manifestation de la vérité.

M. François Coppée a répondu en ces termes :

« Mesdames et messieurs,

« Vous venez d'entendre les belles et fermes paroles du général Mercier. Elles sont pour nos cœurs très réconfortantes. Elles m'assurent que la vérité et toute la vérité sera dite devant le conseil de guerre de Rennes : nous les gravons avec reconnaissance dans notre souvenir, et dès demain elles retentiront dans toute la France.

CONFÉRENCE

DE M. RENÉ DOUMIC

Où sont
les Intellectuels?

Messieurs

L'objet que je me propose est de travailler avec vous à dissiper une équivoque. Car l'heure que nous traversons est sans doute celle de la violence et de la perfidie, mais c'est celle aussi de l'absurdité. Il règne dans les esprits la plus effroyable confusion ; et c'est un fait que tout homme de bon sens doit être dans l'impossibilité de rien comprendre à ce qui se passe chez nous. Mais depuis quelques jours une situation nouvelle a été créée. Jusqu'ici une question s'était posée : fera-t-on ou ne fera-t-on pas la revision du procès de 1894 ? Aujourd'hui cette question est tranchée. L'affaire Dreyfus est redevenue une affaire judiciaire et renvoyée à ses juges naturels. On peut donc maintenant, laissant en dehors cette affaire elle-même, aborder de front les questions d'ordre général qui se sont indûment greffées sur cette affaire judiciaire. Il n'y a plus moyen de s'abriter derrière les mots reluisants qui ont servi de paravent à de si vilaines choses. Le moment est venu de s'expliquer sur les principes. En demandant aux intellectuels de nous expliquer où ils sont, avec qui ils sont, je ne préjuge rien ni pour eux ni contre eux. La question que je leur adresse, ce n'est pas moi qui la pose. Elle est le résultat et l'expression des circonstances ; elle se pose d'elle-même, dans un moment où il faut que nous sortions enfin de ce désarroi qui ne peut se prolonger sans compromettre les destinées du pays, l'avenir de la société et l'existence même de la patrie.

Il y a dix-huit mois, quelques hommes qui s'occupaient habituellement de littérature et de science, commencèrent à faire campagne pour obtenir la revision de l'arrêt de 1894. Ils s'intitulèrent eux-mêmes : les intellectuels. Plusieurs d'entre eux nous étaient connus ; les plus distingués, car, là comme ailleurs, la société est un peu mêlée, et certains intellectuels ne sont pas extrêmement fiers que le même terme serve pour les désigner, eux, et d'autres intellectuels. Alors subitement ils nous apparurent transformés. Nous les tenions pour des hommes de méditation solitaire et de recueillement studieux, qui n'avaient que peu d'estime pour les procédés du journalisme contemporain, et qui

avaient même horreur de toutes les manifestations publiques : tout d'un coup on les a
vus s'agiter, se manifester, écrire aux journaux,
provoquer et quêter les interviews et s'épan-
cher dans le sein des reporters, comme s'ils
eussent été pris du délire de la publicité.
Nous les tenions pour des hommes modestes ;
tout d'un coup ils révélèrent cette bonne
opinion d'eux-mêmes, ce contentement de soi,
ce gonflement de la personnalité qui d'habi-
tude n'est pas l'apanage des esprits les plus
délicats. Nous les tenions pour des hommes de
critique scrupuleuse, habitués à ne parler que
de ce qu'ils savaient ; tout d'un coup ils se mirent à affirmer avec assurance ce qu'ils igno-
raient, et ce qu'ils n'ont pas cessé, à l'heure
qu'il est, d'ignorer. Nous les tenions pour des
hommes d'esprit large et tolérant ; ils se
mirent à déclarer que tous ceux qui n'étaient
pas de leur opinion étaient des hommes sans
cœur, qu'ils avaient eux seuls le monopole de
l'humanité, de la pitié et généralement de
tous les beaux sentiments, tandis que nous
étions, nous autres, les partisans de l'injus-
tice et de la barbarie. Nous les estimions pour
le vif sentiment qu'ils avaient toujours eu
de leur devoir professionnel ; or, la plupart
d'entre eux, chargés de fonctions dans l'en-
seignement public, manquaient avec éclat à
leur devoir professionnel, en transportant la
politique dans leurs chaires et en abusant de
leur situation pour peser sur la conscience
des jeunes gens. Mais quoi ! Il n'y avait pas
moyen de les retenir ; toutes les occasions
leur étaient bonnes ; ils n'ont pas respecté
la paix des enterrements, et les tombes elles-

mêmes ne leur ont pas été sacrées. Enfin en s'intitulant avec pompe : « Les Intellectuels, » au lieu de s'appeler comme ils auraient dû : « quelques intellectuels », ils ont voulu faire croire que l'immense majorité de la France qui pense, qui réfléchit, qui vit par l'intelligence était de leur côté. Et c'est le contraire qui est le vrai. En sorte que, par une contradiction plutôt fâcheuse, ceux qui déclaraient si haut faire campagne pour la vérité, commençaient par donner un magistral accroc à la vérité.

Mais sur tout cela je n'insiste pas. Nous mettrons, si vous voulez, que la polémique ce n'est pas toujours fort joli, et que tout cela c'est de la polémique.

Voici le point auquel je m'attache.

Les intellectuels n'ont pas fait campagne tout seuls. Ils ont vu venir à eux des alliés. Tous ceux qui composent le parti révolutionnaire, collectiviste, anarchiste, tous ceux-là sont venus, avec une belle unanimité. Pas un d'eux n'a manqué à l'appel. Ajoutez ceux qui, compromis dans nos scandales publics, en veulent au pays de la réprobation qu'ils sentent peser sur eux. Ceux-là n'ont pas dissimulé quelles raisons les amenaient au parti où ils se sont rangés. La justice et la vérité étaient le dernier de leur souci ; l'affaire Dreyfus n'était pour eux qu'un prétexte, une occasion qu'ils s'empressaient de saisir. Ils n'y voyaient qu'une machine de guerre dont ils allaient se servir pour attaquer, miner, ruiner les institutions sur lesquelles repose notre société. Alors a commencé la campagne que vous savez. Dans les journaux créés à cet effet ou dans les journaux « convertis », ç'a été chaque jour un flot fangeux de dénonciations, d'injures, de calomnies. On insultait, on bafouait tout ce que nous respectons. Les mêmes outrages qui avaient rempli tout le jour ces feuilles haineuses et opulentes, on les répétait le soir dans les réunions publiques. Puis c'étaient les manifestations de la rue. Avec cette habileté et cette admirable connaissance de leur métier qu'ont les professionnels du désordre, ils ont fait naître, ils ont savamment entretenu, augmenté, déchaîné dans le pays une agitation mortelle. Depuis dix-huit mois la guerre civile est chez nous; notre activité intérieure est paralysée; nous sommes pour l'étranger un objet de risée. Et tandis que chacune des nations européennes continue de surveiller ses intérêts, de faire réussir les calculs de sa politique, il y a un pays au monde dont on ne tient plus compte, c'est le nôtre. On dit : « Oh! la France, ça n'est pas la peine de s'en occuper, il n'y a rien à craindre d'elle; elle est absorbée par son affaire Dreyfus. » Et toutes ces humiliations, tous ces désastres, les meneurs révolutionnaires les ont considérés comme autant de succès.

Or, dans les mêmes journaux où on couvrait de boue l'armée et ses chefs, on couvrait de fleurs les intellectuels. Dans les réunions où les ténors du collectivisme chantaient la ruine prochaine de notre société, les intellectuels étaient là. Les mêmes soirs où on acclamait des anarchistes de marque, les intellectuels étaient là. Ils faisaient cause commune avec les théoriciens de l'assassinat. Voilà avec qui ils ont fait campagne. Voilà les alliés dont ils ont accepté le concours, à moins peut-être qu'ils n'aient été un instrument, un jouet entre leurs mains. Ils ont pensé que pour parvenir au but qu'ils s'étaient proposé, tous les moyens étaient bons. C'est-à-dire qu'ils ont appliqué, quand elle a pu leur devenir utile, une maxime que jusque-là ils avaient flétrie de toute leur indignation. Car vous savez dans le répertoire des injures de nos adversaires, l'une de celles qui reviennent le plus souvent. Ils nous appellent « jésuites ». Mais, messieurs, quand, pour faire éclater ce qu'ils croient être la vérité, les intellectuels ne craignent pas d'employer des moyens révolutionnaires, quand pour amener le triomphe d'une cause dont ils ont fait leur cause, ils affolent le pays, ils compromettent la sécurité même de la rue, quand ils déclarent qu'ils arriveront à leurs fins, coûte que coûte, dût périr la société, dût périr la France, qu'est-ce donc qu'ils font, sinon d'appliquer dans ce qu'elle a de plus révoltant cette maxime d'après laquelle « la fin justifie les moyens » ?

Aujourd'hui, le résultat auquel ils tendaient par de tels moyens, les intellectuels y sont arrivés. Ils voulaient la *Revision*. Ils l'ont. L'arrêt de revision s'étale sur les murs où il a été affiché — illégalement. Cette situation nouvelle sera-t-elle sans influence sur l'attitude des intellectuels ? L'alliance contractée en vue d'un résultat à obtenir survit-elle à ce résultat obtenu ? Le pacte tient-il toujours ? Pendant dix-huit

mois qu'ils ont lié partie avec les révolutionnaires, les révolutionnaires les ont-ils
convertis à leurs doctrines ? Allons-nous
continuer d'assister à ces spectacles déconcertants : de hauts fonctionnaires du gouvernement fraternisant avec des anarchistes,
des professeurs en Sorbonne paradant sur les
tréteaux avec les organisateurs d'émeutes,
des membres de l'Institut donnant la main
à des échappés du bagne ?

Là dessus les intellectuels ne nous ont encore, et après deux semaines, donné aucune
indication. Dès que l'arrêt de la Cour de cassation a été rendu, on pouvait croire qu'ils
ne laisseraient se passer ni un jour, ni une
heure, et qu'ils se hâteraient de répudier une
alliance qu'ils avaient non pas acceptée mais
subie. Il n'en a rien été. Les intellectuels
se sont congratulés les uns les autres ; ils se
sont envoyé de mutuels télégrammes de félicitations ; ils se sont tressé des couronnes, et,
préjugeant le jugement de la postérité, ils
ont pris des poses devant l'histoire. Apparemment ces flatteuses démonstrations ont
absorbé tout leur temps, toute leur attention ; ils ont oublié de séparer leur cause
de celle des ennemis de la France.

Je sais bien qu'il a paru dans un coin de
quelques journaux un petit « appel à
l'union » au bas duquel se lisaient les noms
de quelques-uns des quelques intellectuels,
non des plus militants. Mais quel contraste
entre cet appel timide, étouffé, honteux de
lui-même, et les proclamations de jadis si retentissantes, autour desquelles s'organisait
une propagande effrénée, et pour lesquelles

des commis-voyageurs en discorde allaient recruter des signatures ! Non, cette fois c'était un pauvre petit appel, ah ! si pauvre, si petit, si pâle, si anémique ! On aurait dit qu'il avait été balbutié justement pour ne pas être entendu. Etrange appel à l'union d'ailleurs, qui recommandait surtout l'union contre nous ! Inquiétant et contradictoire appel à l'uinon, dont les rédacteurs subtils avaient trouvé le moyen, tout en demandant l'apaisement, de réclamer de nouvelles hécatombes, et de répudier sans doute les représailles, mais en acceptant ce qu'on est convenu d'appeler : des sanctions. Nous aimons bien en France les gens qui ont le courage de leur opinion. Nous n'aimons guère ceux qui sont d'une opinion et aussi de l'opinion contraire. Pour l'honneur même des intellectuels considérons donc comme non avenu ce triste document qui appelle les gens à passer l'éponge, sans doute, mais après l'avoir dûment enduite de vitriol.

Et pourtant pendant ces deux dernières semaines, combien de choses se sont passées qui auraient dû faire sortir les intellectuels de leur quiétude, et leur arracher un cri de douleur ! Comment d'abord ne pas s'effrayer de cette frénésie de proscription que nous avons vu éclater, de cette démangeaison, de cette manie de mesures arbitraires, qui travaille aujourd'hui tant d'esprits ? Au lendemain d'une agression que tout le monde a désavouée, à commencer par son auteur, on a appris avec stupeur que le gouvernement lui-même faisait tomber sur Paris une avalanche de mesures d'exception. Ce gouvernement affolé donnait l'exemple de violer la constitution en demandant aux Chambres de renvoyer le général Mercier devant une Haute Cour. Une enquête était ouverte contre le général de Pellieux. Le général Roget était envoyé à Orléans ; le conseiller Tardif, renvoyé devant le Conseil supérieur de la magistrature ; l'avocat général Lombard, relevé de ses fonctions. De son côté le Parlement ne restait pas inactif. Les groupes avancés décidaient sans retard la formation d'un Comité de salut public. Le Comité se mettait aussitôt en permanence. Et enfin, comme il ne faut jamais que le ridicule perde ses droits, on fermait un Cercle dont les adhérents s'occupent exclusivement d'automobilisme. Il paraît que l'automobilisme est attentatoire à la sûreté de l'Etat. Même, afin de tranquilliser les citoyens inquiets, on étendait hors des barrières de Paris la zone de suspicion : on fermait le Cercle de Puteaux. On fait ce qu'on peut. Faute de mieux et en attendant, on parodie le geste des grands ancêtres. On rédige sa petite loi des suspects. On organise sa petite Terreur. On s'essaie, on se fait la main, on se prépare.

Comme il faut pourtant à tout ce déploiement de mesures répressives une ombre, une apparence de prétexte, on a feint de croire que la République était en danger. Et on a dénoncé le complot.

Quel complot ?

Le complot monarchiste. — Le même dont on parle tous les ans, plusieurs fois par an, sans jamais le découvrir. Si on ne le découvre pas, cela tient à une bonne raison : c'est qu'il n'existe pas. Il n'y en a pas. Ça n'est pas vrai. Ceux qui en parlent le plus haut savent que ce n'est pas vrai. Mais il savent aussi qu'on ne fait jamais en vain appel aux passions haineuses, et qu'on est assuré de trouver de l'écho, lorsqu'on déclare qu'il serait temps de mettre hors la loi des citoyens qui portent des noms bien français, et dont le seul tort est d'être, depuis de longues générations, français de pure race française.

Le complot militaire. Le complot de l'Etat major. — Celui-là non plus, personne n'y croit. Il n'y en a pas. Ça n'est pas vrai. Ceux qui en parlent savent que ce n'est pas vrai. Ce qu'il faut dire, c'est que l'armée pendant ces dix-huit mois, a donné un admirable exemple de patience. En butte à des provocations incessantes, accablée d'outrages qui ne peuvent manquer de mettre dans une âme de soldat la plus atroce douleur, livrée sans défense par les pouvoirs publics à la verve de ses insulteurs, elle a gardé son sang-froid. Jamais elle n'avait mieux montré quelle est chez elle la force de la discipline, jamais elle n'avait mieux révélé l'esprit qui n'a cessé de l'animer : esprit de dévouement, de sacrifice et d'abnégation.

Le complot clérical. — Eh ! Messieurs, c'est là surtout ce qu'on cherchait. On aurait souhaité, on a tâché par tous les moyens de compromettre dans l'affaire le clergé catholique. Seulement on n'y a pas réussi. Le clergé catholique a gardé la plus absolue réserve, réserve qui convenait à son caractère et à sa dignité, et dont je ne songerais guère à lui faire un mérite, si nous n'avions vu, par le

plus affligeant des contrastes, les ministres
des autres cultes se jeter dans la mêlée, y
intervenir par la propagande de la parole et
de l'action, y apporter une âpreté qui n'est
guère en rapport avec un ministère de con-
corde et de paix. Il n'y a pas d'ingérence clé-
ricale dans l'affaire. Cela n'est pas vrai.
Ceux qui en parlent savent que ce n'est pas
vrai. Mais ils pensent qu'il est toujours bon
de réveiller les basses, les viles passions dont
vit le monstrueux et stupide anticléricalisme.

Apparemment c'est pour anéantir tous ces
complots réunis que Paris, dimanche dernier, offrait au monde ébahi le spectacle que
vous savez. La ville, en pleine paix, mise en
état de siège; le Bois de Boulogne occupé mi-
litairement; les voitures cellulaires en guise
d'ambulances et les magistrats du parquet
en guise d'infirmiers installés sur la pelouse.
Six mille gardiens de la paix, six mille
gardes républicains, trente escadrons de ca-
valerie, vingt régiments d'infanterie, sans
compter les agents en civil, en tout vingt
mille hommes, autant qu'il en a fallu à Bona-
parte pour sa campagne d'Italie. On a beaucoup raillé ce grand déploiement de forces
militaires : mais peut-être n'étaient-elles pas
si inutiles qu'on a bien voulu le dire. En effet, depuis huit jours, les comités révolutionnaires avaient mobilisé leurs forces. Depuis
le matin descendait du haut des faubourgs
cette population spéciale qu'on voit sortir
des pavés de Paris les jours d'émeute. Elle
venait pour faire un rempart à nos institutions menacées, pour répondre de l'ordre.
Peut-être alors, et pour tenir en respect ces

défenseurs de l'ordre, n'était-ce pas trop de toutes ces brigades, puisqu'on n'a pas pu les empêcher de casser des voitures, de frapper des femmes et de mettre un restaurant au pillage.

Ce qui achève de donner à ces deux semaines leur physionomie, c'est l'étrange accueil qui attendait à son retour à Paris celui qui vient d'ajouter une si belle page au livre de l'héroïsme français. Au moment où le commandant Marchand débarque à Paris, aussitôt on l'emballe dans une voiture, on flanque la voiture d'agents de police, et, fouette cocher, on lance la voiture au galop. On n'aurait pas procédé autrement pour un malfaiteur qu'on aurait voulu empêcher d'être écharpé par la foule. Dans les journaux que vous savez, des chroniqueurs à qui sans doute l'héroïsme est familier, et qui ne s'en laissent pas imposer, demandent : « Après tout, qu'est-ce qu'il a fait, Marchand? » Ce qu'il a fait? Il a, pendant trois ans, avec une poignée de braves, lutté contre un climat meurtrier, contre la maladie et la fièvre, contre l'hostilité des peuplades indigènes ; il a marché simplement, fièrement, droit devant lui ; et là où toute la puissance anglaise, avec son formidable appareil, n'avait pas encore pu parvenir, il est arrivé, lui, le premier, sans avoir pu compter sur d'autres ressources que celles qu'il puisait dans son énergie, dans le dévouement de ses camarades, dans leur commun amour de la France. Voilà ce qu'il a fait. Il a, par son exemple, réchauffé nos cœurs. Le peuple ne s'y est pas trompé. Tandis que le gouvernement, embarrassé de la présence de Marchand, s'empressait de le dérober à la reconnaissance publique, de le dissimuler, de le cacher, son arrivée provoquait une explosion d'enthousiasme populaire. Et cette manifestation-là était spontanée. Il n'y avait pas eu besoin de l'organiser. Le peuple, les petites gens, les ouvriers, les travailleurs étaient venus dans un instinctif élan de patriotisme. Cela est significatif et bien fait pour éclairer une situation. Les politiciens ont peur de tous ces bons serviteurs de la France, les Courbet, les Dodds, les Galliéni, les Marchand, parce que les idées qu'éveillent ces gloires si pures font mieux détester leur écœurante besogne. Mais le peuple est avec cette armée qu'on voudrait lui rendre suspecte et qu'il ne cesse pas d'aimer, parce qu'il sent que cette armée nationale est tout près de lui, étant sortie de ses rangs, et il acclame en elle la vivante image du pays.

Rien de tout cela n'a éveillé aucun trouble dans l'âme des intellectuels. Il paraît qu'ils trouvent que cela est normal, qu'il n'y a là rien d'inquiétant, que les choses doivent se passer ainsi dans une grande nation. Rien ne peut plus les troubler dans leur sérénité.

Encore des esprits superficiels seraient-ils excusables. Ils pourraient croire que ce n'est là qu'une crise passagère, que tout s'oublie, tout s'arrange. Mais les intellectuels sont, par définition, des esprits profonds. Ils savent que les incidents particuliers ne sont rien dans la vie d'un peuple et n'ont de signification que parce qu'ils représentent certaines idées, certains principes. Ces principes se développent quand même, par leur propre nature, par leur énergie intérieure. Envisageons donc en elles-mêmes les idées qui ont fait leur entrée en scène à propos de l'affaire Dreyfus. Enumérons les articles du programme qui est celui des amis des intellectuels, et recherchons quel avenir préparerait à notre société l'avènement de leurs principes.

Les amis des intellectuels combattent l'idée de patrie. — D'après eux, c'est une idée étroite et qui n'est plus en accord avec l'état des esprits d'aujourd'hui, qui n'est plus au courant des progrès de la civilisation. Pour bafouer le patriotisme, ils l'appellent le chauvinisme. Etre chauvin, c'est dans leur bouche une injure. Eh bien ! je dis au contraire : tant pis pour un peuple qui ne serait pas chauvin ! Tant pis pour un peuple chez qui le patriotisme ne serait pas jaloux et ombrageux ! Ce peuple-là n'aurait plus longtemps à vivre, et il n'y aurait pas loin à chercher pour trouver les voisins prêts à se partager ses dépouilles. Les nations étrangères le savent bien ; et puisqu'on a coutume de vanter la supériorité des Anglo-Saxons, allez donc écouter de quelle façon un Anglais parle de la patrie anglaise. Quelle fierté intransigeante ! Cette fierté est une grande force. Les étrangers ont bien soin de nous laisser le monopole de l'internationalisme. Ils ne nous l'envient pas. Ils savent que l'internationalisme fait trop bien leurs affaires chez nous et travaille trop activement pour leur compte. Je demande si on va remplacer en France le culte de la patrie par un autre, et si on apprendra à nos fils que c'est une élégance, une supériorité intellectuelle de subordonner à une autre idée l'idée de patrie.

Les amis des intellectuels combattent l'idée de tradition. — Pour eux le progrès consiste d'abord à briser tous les liens qui nous rattachent au passé. Nous pensons au contraire que les idées de progrès et de tradition ne sauraient se séparer, qu'on ne saurait dans un pays rien faire de profitable en allant contre sa tradition. Toutes les générations d'hommes qui sont nées, qui ont travaillé, qui ont souffert sur ce sol de France sont solidaires; leur âme n'est pas morte, elle vit en nous; elle est en nous ce qu'il y a de plus vivant. Nous ne renions pas, nous autres, le patrimoine des souvenirs français. Nous acceptons l'héritage. Je demande si nous devons subir une campagne menée contre tout ce qui nous vient de notre passé, contre tout notre passé en bloc, une politique qui ne vaut que par la haine et pour la destruction ?

Les amis des intellectuels combattent l'idée de religion. — Ils ont sur les grands problèmes, sur les inquiétudes mystérieuses auxquelles la religion essaie de répondre, justement les théories qui sont celles du pharmacien Homais. Et vous savez que chez nous aujourd'hui M. Homais est tout-puissant. M. Homais est franc-maçon; à ce titre il dicte ses volontés au gouvernement, il fait et défait les ministères, il dispose de tout ce qui, de près ou de loin, dépend de l'État. La guerre à la religion est ce qu'il y a de plus odieux, puisqu'elle s'attaque à ce qu'il y a de plus délicat et de plus profond dans l'intimité des consciences. D'ailleurs, il n'y a pas d'exemple d'une société qui se soit passée du lien religieux. Aussi la franc-maçonnerie se hâte-t-elle de parodier la religion : elle a son fanatisme qu'elle prétend nous imposer. Je demande si 36 millions de Français catholiques sont disposés à admettre ce dogme initial de la religion future: l a France est franc-maçonne.

Les amis des intellectuels combattent le principe d'autorité. — Ils ne veulent ni hiérarchie, ni discipline. Il ne doit pas y avoir de maître plus que de Dieu. C'est pourquoi l'organisation militaire provoque chez eux tant d'horreur. Ils reprochent à l'armée ce qui fait sa force : je veux dire sa discipline. Ils exhortent les soldats à s'y soustraire, à discuter les ordres reçus : ils prévoient et définissent les cas de désobéissance, ceux où le strict devoir du soldat est de lever la crosse en l'air. Nous avons déjà vu des bataillons lever la crosse en l'air. Nous savons ce qui a suivi.

Et en même temps qu'ils combattent le principe d'autorité, les amis des intellectuels attaquent celui de la liberté individuelle. C'est qu'en effet l'un ne va pas sans l'autre et ils se complètent mutuellement. On n'impose une loi à tous que pour sauvegarder la liberté de chacun. Mais ce dont rêvent nos collectivistes c'est d'une tyrannie de l'Etat se substituant partout à l'initiative individuelle, et ruinant par conséquent dans ses sources mêmes toute énergie, ruinant le commerce et l'industrie, tarissant la fortune publique, établissant ainsi l'égalité, oui, mais l'égalité dans la misère. Je demande si nous accepterons qu'on nous retire — au nom des droits de l'homme et du citoyen — le premier et le plus élémentaire de nos droits qui est la liberté individuelle.

Voilà de quoi il s'agit en dehors de toutes questions personnelles, en s'en tenant aux idées et aux principes. Le mouvement auquel nous assistons est dirigé contre les idées de patrie, de tradition, de religion, d'autorité, de liberté individuelle. Cela crève les yeux. Quelques-uns font semblant de ne pas le voir ; mais tout le monde le voit. Or, sans le support des idées que je viens de vous indiquer, aucune société ne peut subsister, un pays ne peut pas vivre.

Que si, malgré nos résistances, les amis des intellectuels arrivaient à réaliser leur rêve, ce jour-là, qui est-ce qui n'aurait plus de place dans le nouvel ordre de choses, qui est-ce qui devrait d'abord disparaître ? Eh ! Messieurs, ce sont justement les intellectuels. Dans le paradis collectiviste je ne vois pas bien quelle part sera faite au culte des belles-lettres, à l'étude des arts inutiles, et aux spéculations désintéressées. Pour s'enfermer dans un laboratoire ou pour se confiner dans les recherches subtiles et minutieuses auxquelles les grammairiens consacrent l'intelligence que Dieu leur a départie, il faut du loisir, il faut de la sécurité, il faut de l'indépendance. S'il n'y avait pas une armée pour répondre de l'ordre public, s'il n'y avait pas un budget auquel chacun de nous apporte sa part de contribution afin de permettre aux hommes d'étude de se livrer paisiblement à des travaux d'ailleurs improductifs, les hommes d'étude seraient contraints de renoncer à leurs études. C'est notre société, c'est nous qui leur faisons leurs loisirs, c'est nous qui avons fait leur réputation, c'est nous qui avons reconnu et salué leur talent. Car j'ose croire que les travaux des membres de l'Institut sont médiocrement familiers au public habituel du Grand Orient de France. C'est nous qui avons proclamé l'intellectualisme des intellectuels. C'est de nos hommages qu'est faite l'autorité qui s'attache à leur nom et dont on s'est hâté de se servir contre nous.

Voici donc très exactement l'alternative à laquelle les intellectuels sont acculés. Voici très nettement la question que je leur pose, et à laquelle il faudra qu'ils répondent, s'ils ne préfèrent que d'autres répondent pour eux. Je leur demande :

A l'heure qu'il est, vous avez encore pour amis les révolutionnaires, les collectivistes et les anarchistes. La France, l'Europe vous voient auprès d'eux, avec eux, la main dans la main. Etes-vous décidés à séparer votre cause de leur cause? Etes-vous décidés à répudier les doctrines qui sont les leurs? Désapprouvez-vous leur campagne de destruction? Si oui, il est nécessaire de le dire. Dites-le. Séparez-vous d'avec eux. Rompez toute solidarité avec eux. Je sais bien que vous avez là des amis redoutables, qui ne vous laisseront pas volontiers partir; ils ont trop d'intérêt à vous avoir parmi eux; ils vous tiennent, ils ne veulent pas vous lâcher; ils sont prêts à vous garder, fût-ce comme prisonniers. Ils sont violents, bruyants, grossiers; eh bien ! tout de même n'en ayez pas trop peur : ces gens-là sont tout de suite moins effrayants, quand on les regarde bien en face, comme cela doit se faire d'homme à homme, et les yeux dans les yeux. Pour leur rompre nettement en visière, je ne nie pas qu'il ne faille du courage. Ayez donc ce courage ! Libérez-vous. Revenez prendre votre place dans une société dont vous êtes le produit, sans laquelle vous n'êtes rien, sans laquelle vous ne seriez pas, dont vous n'avez d'ailleurs pas à vous plaindre et qui ne vous a ménagé ni les honneurs ni l'estime. Il en est temps encore. Mais il n'est que temps. Ressaisissez-vous.

Si au contraire votre choix est fait et si vous entendez rendre définitive l'alliance passagère que vous avez conclue avec le parti révolutionnaire, collectiviste et anarchiste, cela aussi il est nécessaire de le dire. Dites le donc. Mais alors, comme il est tout de même impossible de rester dans cette situation fausse qui consiste tout à la fois à se poser en adversaires d'un état social et à profiter des avantages de cet état social, rompez décidément avec nous et rejetez dédaigneusement les avantages que vous nous devez. Imitez l'exemple que vous ont donné certains de vos amis, conséquents avec eux-mêmes, le jour où ils ont renvoyé les insignes de cette Légion d'honneur qui n'a certes pas été instituée pour récompenser les insulteurs de l'armée. Et comme il n'y a place dans une société collectiviste ni pour les distinctions honorifiques, ni pour aucune espèce de distinction, ni pour les académies, ni pour les jeux aristocratiques de l'esprit, renon-

cez donc à toutes ces vanités, soyez logi-
ques, soyez francs, allez jusqu'au bout du
sacrifice, rendez les rubans, rendez les bro-
deries, rendez les chamarrures, rendez les
chaires et les laboratoires, rendez tout ce qui
fait de vous les débiteurs d'une société vis-à-
vis de laquelle vous vous posez en ennemis.

ALLOCUTION
DE M. FRANÇOIS COPPÉE

Mesdames et messieurs,

Je tiens à remercier M. René Doumic du plaisir qu'il nous a donné. Il est, vous le savez, un des jeunes maîtres de la critique contemporaine, et vous venez de reconnaître d   sa belle conférence, cette ferme logique, ce style si pur, cette ironie pleine d'atticisme qu'il sait si bien mettre au service de la sagesse et de la raison.

Il a fait justice une fois de plus de ces prétendus intellectuels qui ont été si nuisibles à la France en faisant cause commune avec les ennemis de l'armée et les sans-patrie.

Tout ce monde-là semble aujourd'hui triompher. Mais, rassurez-vous! le triomphe sera court.

Pour ma part, je serais plutôt porté à me réjouir de leur victoire momentanée; car nous savons ce qu'elle leur coûte, et parmi les morts et les blessés de la bataille, nous reconnaissons beaucoup de ces politiciens qui depuis vingt ans exploitent la France, et qui, dans les derniers événements, ont contribué à la couvrir de honte et à la plonger dans l'anarchie.

Néanmoins, n'oublions pas que les heures que nous vivons sont très graves. Plus que jamais nous devons grouper les forces patriotiques, et tenir prêtes pour l'action toutes nos bonnes volontés et toutes nos énergies.

STATUTS

DE

LA PATRIE FRANÇAISE

ARTICLE PREMIER. — Une Association est fondée sans acception de partis, sous le titre « La Patrie Française ».

ART. 2. — Son Siège est à Paris.

ART. 3. — Elle a pour objet de maintenir et de fortifier l'amour de la Patrie et le respect de l'Armée Nationale.

D'éclairer l'opinion sur les grands intérêts du pays,

De surveiller et de combattre les ingérences et les propagandes de l'Etranger.

ART. 4. — Elle a pour principaux moyens d'action : des conférences à Paris et dans toute la France, des réunions et destpublications.

ART. 5. — L'Association se compose :

1° De Membres fondateurs qui se délibèrent de toute cotisation annuelle par un versement unique d'au-moins 100 francs.

2° De Membres actifs payant une cotisation annuelle dont le chiffre est facultatif, m.   dont le minimum est fixé à 1 franc.

Les cotisations peuvent être rachetées moyennant la somme de 20 francs une fois payée.

3° De Membres donateurs qui versent au moins la somme de 50 francs une fois donnée, en sus de leur cotisation annuelle.

4° De collectivités ou de groupes dont les cotisations sont acceptées quel qu'en soit le chiffre.

ART. 6. — Pour être membre, il faut :

1° Etre Français.

2° Envoyer au Siège de l'Association une adhésion personnelle avec nom et adresse.

3° Etre admis par le Comité.

Art. 7. — Les femmes peuvent faire partie de l'Association.

Art. 8. — Il est remis à chaque adhérent une carte d'identité qui devra être revêtue de sa signature et du timbre de l'Association.

Art. 9. — L'Association est administrée par un Comité

Art. 10. — Le Comité se compose de trente membres pris parmi les associés. Ils sont nommés pour cinq ans et se recrutent eux-mêmes, en cas de vacance. Les membres sortants sont rééligibles.

Art. 11. — Le Comité se réunit au moins une fois par mois et toutes les fois qu'il sera jugé utile par le Président.

Art. 12. — Le Bureau, ou Commission exécutive, est nommé par le Comité pour deux ans. Les membres du Bureau sont rééligibles.

Le Bureau est composé d'un Président d'honneur, d'un Président, d'un Secrétaire général, de cinq délégués, d'un Trésorier et d'un Secrétaire-adjoint.

Art. 13. — Le Comité prononce l'admission des membres et, s'il y a lieu, les radiations.

Art. 14. — Le Trésorier représente l'Association en justice et dans tous les actes de la vie civile, en vertu de la délégation générale ou spéciale qui lui en est donnée par le Bureau du Comité.

Art. 15. — Un règlement particulier déterminera les conditions d'administration intérieure et toutes les dispositions de détail propres à assurer l'exécution des Statuts.

Le règlement est arrêté par le Bureau qui peut toujours le modifier avec l'approbation du Comité.

Art. 16. — En cas de dissolution, l'actif de l'Association sera attribué à des œuvres militaires.

Fait à Paris, le 27 janvier 1899,

Imp. Noizette et Cie, 8, rue Campagne-Première, Paris.